BEI GRIN MACHT SICH IHR WISSEN BEZAHLT

- Wir veröffentlichen Ihre Hausarbeit,
  Bachelor- und Masterarbeit

- Ihr eigenes eBook und Buch -
  weltweit in allen wichtigen Shops

- Verdienen Sie an jedem Verkauf

Jetzt bei www.GRIN.com hochladen
und kostenlos publizieren

Bibliografische Information der Deutschen Nationalbibliothek:

Die Deutsche Bibliothek verzeichnet diese Publikation in der Deutschen National-bibliografie; detaillierte bibliografische Daten sind im Internet über http://dnb.d-nb.de/ abrufbar.

Impressum:

Copyright © 2019 GRIN Verlag
Druck und Bindung: Books on Demand GmbH, Norderstedt Germany
ISBN: 9783346000491

Dieses Buch bei GRIN:

https://www.grin.com/document/494148

Peter Seewald

Israel und seine Geschichte. Von der Exil- und Perserzeit bis zur hellenistisch-römischen Zeit

Eine Zusammenfassung

GRIN Verlag

GRIN - Your knowledge has value

Der GRIN Verlag publiziert seit 1998 wissenschaftliche Arbeiten von Studenten, Hochschullehrern und anderen Akademikern als eBook und gedrucktes Buch. Die Verlagswebsite www.grin.com ist die ideale Plattform zur Veröffentlichung von Hausarbeiten, Abschlussarbeiten, wissenschaftlichen Aufsätzen, Dissertationen und Fachbüchern.

Besuchen Sie uns im Internet:

http://www.grin.com/

http://www.facebook.com/grincom

http://www.twitter.com/grin_com

Geschichte Israels

Eine Zusammenfassung (über das Werk: Schmitz Barbara, Geschichte Israels, 2., aktualisierte Auflage, Paderborn 2015)

Inhaltsverzeichnis

1. Einleitung

Der Autor des gegenständlichen Buches entschied sich aus mehreren Gründen das Buch der Geschichte Israels[1] von Barbara Schmitz[2] zusammenzufassen.

Da sind einmal die persönlichen Gründe. Als Pfarrgemeinderat[3], Kommunionhelfer[4] und Leiter von Wort-Gottes-Feiern[5] in der Pfarre St. Pölten – St. Johannes Kapistran[6], vor allem jedoch als praktizierender Christ, war und ist es dem Autor ein Bedürfnis sich intensiv mit den Grundlagen des Glaubens auseinanderzusetzen. Da die Geschichte Israels untrennbar in Beziehung mit dem Alten Testament[7] steht, war es für den Autor selbstverständlich sich für dieses Thema zu entscheiden.

Weiters waren für den Autor die gegenwärtigen Ereignisse im Nahen Osten[8] entscheidend, hiermit versteht er den Bürgerkrieg in Syrien[9], sich des gegenständlichen Themas anzunehmen. Dies deshalb, da in diesen auch Israel involviert ist[10] und dies, ebenso wie die Verlegung der amerikanischen Botschaft von Tel Aviv nach Jerusalem[11] durch den Präsidenten der Vereinigten Staaten von Amerika Donald John Trump[12], einen wohl nicht unwesentlichen Schritt für die zukünftige israelische Geschichte bedeuten kann und wird.

---

[1]   Schmitz, Geschichte Israels, 2., aktualisierte Auflage, Paderborn 2011.
[2]   Barbara Schmitz, geboren 1. März 1975, ist eine deutsche römisch-katholische Theologin. Sie ist Universitätsprofessorin für Alttestamentliche Bibelwissenschaft an der Katholisch-Theologischen Fakultät der Julius-Maximilians-Universität Würzburg. https://de.wikipedia.org/wiki/Barbara_Schmitz; 10.2.2019; 19.26.
[3]   https://pgr.dsp.at/sites/www.dsp.at/files/u1647/pfarrordnung2016_aktuell.pdf; 10.1.2019; 22.06.
[4]   http://www.kathpedia.com/index.php?title=Sakramentale_Kommunion#Kommunionspender; 10.1.2019; 22.12.
[5]   http://www.vatican.va/archive/hist_councils/ii_vatican_council/documents/vat-ii_const_19631204_sacrosanctum-concilium_ge.html; 10.1.2019; 21.59.
[6]   http://www.kapistran.at/; 10.1.2019; 21.54.
[7]   https://de.wikipedia.org/wiki/Altes_Testament; 10.1.2019; 22.25.
[8]   https://www.lexas.de/kontinente/naher_osten.aspx; 10.1.2019; 22.28.
[9]   https://www.zeit.de/thema/syrien; 09.1.2019; 22.29.
[10]   https://foreignpolicy.com/2018/09/06/in-secret-program-israel-armed-and-funded-rebel-groups-in-southern-syria/; 09.1.2019; 22.36.
[11]   https://www.tagesschau.de/ausland/jerusalem-us-botschaft-101.html; 09.1.2019; 22.53.
[12]   https://www.britannica.com/biography/Donald-Trump; 09.1.2019; 23.08.

Des Weiteren sind für den Autor der Zusammenfassung die aktuellen kirchlichen Ereignisse nicht unerheblich. So fand im Jänner 2019 das 19. Internationale Bischofstreffen[13] in Jerusalem statt. Bei diesem Treffen ging es um die Entwicklungen im Nahen Osten unter der Berücksichtigung der palästinensischen Gebiete und Israel. Ziel war es „Christen und Kirchen im Heiligen Land in ihrem Einsatz für Gerechtigkeit, Frieden und Verständigung zwischen den Völkern und Religionsgemeinschaften zu stärken und die Verbindung der Weltkirche mit ihnen zu festigen"[14].

---

[13] https://www.vaticannews.va/de/kirche/news/2019-01/deutschland-internationales-bischofstreffen-heiliges-land-info.html; 10.1.2019; 23.02.
[14] https://www.bistum-trier.de/news-details/pressedienst/detail/News/christen-in-israel-herausforderungen-und-moeglichkeiten/; 09.1.2019; 23.38.

2. Hauptteil

Im Hauptteil des gegenständlichen Werkes erfolgt die Zusammenfassung des Buches unter Übernahme der Kapiteleinteilung des Buches.

2.1 Geschichte und Geschichten Israels. Hermeneutische Überlegungen

Im ersten Kapitel verweist die Autorin Schmitz darauf, dass es sich bei der Bibel nicht um Geschichtsschreibung im klassischen Sinn handelt, sondern vielmehr um eine Sammlung von Büchern die zu den unterschiedlichsten Zeiten entstanden sind und „die politischen, gesellschaftlichen und menschlichen Erfahrungen (7)" spiegeln. Nachdem die Bibel Geschichten über einen sehr langen Zeitraum, von den Erzeltern[15] bis zu Esra und Nehemia, erzählt, werden diese Geschichten als Literatur gewertet.[16] Es werden vier Vorüberlegungen angestellt.

Eine Vorüberlegung ist geschichtsbetrachtend. Dies bedeutet die Geschichte wird im klassischen Sinne als ein Ablauf von Ereignissen angesehen. Die zweite Vorüberlegung geht davon aus, dass die Texte der Bibel ca. 700 bis 800 Jahre nach den jeweiligen Ereignissen entstanden und beim Verfassen der Texte die identitätsstiftende Wirkung für Israel im Vordergrund stand. Diese Texte sollten für die jüdische Gemeinschaft weitgehende Orientierung bieten.[17] Die dritte Vorüberlegung verweist darauf, dass die Geschichten der Bibel unter den verschiedensten Blickwinkel überliefert wurden und es daher „nicht die *eine* biblische Geschichte gibt, sondern dass bereits in der Bibel Geschichte unterschiedlich und in sich vielfältig geschildert wird (10)." In der vierten Vorüberlegung geht es um die Frage nach dem historischen Standort, d.h. es geht um jenen Blickwinkel aus welchem die jeweiligen Geschichten bzw. die Geschichte betrachtet wird. Aufgrund der Vorüberlegungen beginnt die geschichtliche Darstellung Israels mit der Exils- und Perserzeit.[18]

Der Aufbau des Buches folgt einerseits einer historischen Betrachtung und andererseits den zentralen Aspekten die für die Entstehung der Texte verantwortlich sind. Weitere Besonderheiten des Buches sind, dass keine biblischen Texte abgedruckt sind und auf die Notwendigkeit verwiesen wird diese begleitend zu lesen. Sowohl die Fußnoten, wie auch

---

[15] Als Erzeltern werden die Erzväter, dies ist die Bezeichnung für die Stammväter Israels, und ihre Ehefrauen bezeichnet. https://brockhaus.at/ecs/enzy/article/erzeltern-bibel; 13.2.2019; 15.25. https://brockhaus.at/ecs/enzy/article/erzväter; 13.2.2019; 15.25.
[16] Vgl. Schmitz, S. 8.
[17] Vgl. Schmitz, S. 8f.
[18] Vgl. Schmitz, S. 10.

diverses Vokabular finden sich im Anhang. Ergänzend gibt es im Text eingebettet, zusätzliche Informationen welche in Kästen dargestellt werden und finden sich Falttafeln zur chronologischen Einordnung am Ende des Buches.[19]

2.2 Babylonisches Exil und Perserzeit (6. – 4. Jh. v. Chr.)

In diesem Kapitel wird die Zeit von der Zerstörung des Tempels von Jerusalem am 25. August 587 v. Chr.[20] bis zum 5. – 4. Jh. v. Chr., diese Zeit wird „oftmals als ‚dunkle Zeit' bezeichnet (60)", betrachtet.

Mit der Zerstörung des Tempels „wurde das Zentrum der JHWH[21]-Religion zerstört (16)". In dieser Religion stehen die „vier Konsonanten ohne Vokale (34)" für den einen und einzigen Gott. In der weiteren geschichtlichen Entwicklung wird schließlich der Gottesname JHWH nicht mehr geäußert, „sondern an seiner Stelle Ersatznamen wie ‚Adonai'(34)" gelesen. Die Tempelzerstörung erfolgte auf Befehl des babylonischen Königs Nebukadnezzar II.[22]. Es kam zu Deportationen und war diese darauf folgende Zeit des Exils eine für das israelische Volk äußerst wichtige Zeit. Dies deshalb, da Traditionen gesammelt und neue Schriften verfasst wurden[23] und es jene Zeit der Antike war, in welcher „das umfangreichste literarische Werk (18)" des israelischen Volkes entstand.

Um diese geschilderten Ereignisse besser zu verstehen, erfolgt ein kurzer Exkurs und wird darauf hingewiesen, dass im Osten Assyrien die bestimmende Macht war die über die beste Militärische- und beste Verwaltungsstruktur verfügte.[24] Bereits im Jahre 722 v. Chr. wurde die israelische Bevölkerung durch die Assyrer deportiert und somit die Existenz Israels vernichtet. Die Folge war jedoch, dass an den Rändern Assyriens diverse Staaten erstarkten. Infolge wurde jedoch Assyrien durch Babylonien erobert und es kam unter Nebukadnezzar zu einem Ausbau der Bewässerung, der Verwaltung, der militärischen Baumaßnahmen und wurden auch Terrassengärten[25] geschaffen.[26]

---

[19] Vgl. Schmitz, S. 11ff.
[20] Vgl. Schmitz, S. 16.
[21] JHWH ist der unvokalisierte Eigenname des Gottes Israels. https://de.wikipedia.org/wiki/JHWH; 13.2.2019; 15.32.
[22] Nebukadnezzar II., geboren 640 v. Chr, gestorben 562 v. Chr, war von 605 bis 562 v. Chr. neubabylonischer König. https://de.wikipedia.org/wiki/Nab%C5%AB-kudurr%C4%AB-u%E1%B9%A3ur_II.; 10.2.2019; 19.18.
[23] Vgl. Schmitz, S. 18.
[24] Vgl. Schmitz, S. 19.
[25] Diese Terassengärten, besser bekannt als die hängenden Gärten der Semiramis, zählten zu den sieben Weltwundern der Antike. https://de.wikipedia.org/wiki/H%C3%A4ngende_G%C3%A4rten_der_Semiramis; 14.1.2019; 22.14.

Im Westen wiederum war die politische Situation nicht so eindeutig. Assyrien war zwar nicht mehr existent, jedoch weder Babylon, noch Ägypten konnten für sich den alleinigen Herrschaftsanspruch geltend machen.[27] Und so kam es 601 v. Chr. zur Schlacht zwischen Babylon und Ägypten. Diese endete jedoch unentschieden. Dies hatte zur Folge, dass König Jojakim[28] von Judäa ermutigt wurde „die Tributzahlungen an Babylon einzustellen und damit den Vasallenvertrag (23)" aufkündigte. Babylon konterte und belagerte 597 v. Chr. Jerusalem. König Jojachin[29], Sohn von König Jojakim, und die Elite des judäischen Volkes wurde nach Babylon deportiert, ebenso wie der Prophet Ezechiel[30].[31]

Infolge kam es zu innenpolitischen Unruhen in Babylon und erst nachdem Nebukadnezzar diese Situation befriedet hatte, „nahm er die Feldzüge in den Westen wieder auf (26)." In dieser Situation „warnte Jeremia[32] eindringlich vor den Babyloniern (27)". Dieser gilt als „einer der drei großen Schriftpropheten des Tanach (hebräische Bibel) und damit des Alten Testaments."[33]

Der judäische König Zidkija[34] fiel von seinem Treueverhalten von Nebukadnezzar und Babylon ab. Dieser wiederum belagerte und eroberte Jerusalem, tötete die Söhne von Zidkija, blendete diesen und transportierte ihn nach Babylon.[35]

Jerusalem wurde infolge völlig „ausgelöscht, Tempel und Palast niedergebrannt, die Mauern geschliffen (...) und die Verantwortlichen getötet (31)." Ziel war es die Stadt „theologisch durch die Zerstörung des Tempels, politisch durch die Verwüstung des Palastes, militärisch durch die Schleifung der Mauern und Wehranlagen und menschlich durch die Vernichtung der Häuser sowie die Deportation von Teilen der Zivilbevölkerung (31)" in seiner Existenz zu vernichten. Da es unüblich war Tempel zu zerstören liegt die Vermutung nahe, dass der Jerusalemer Tempel eine „führende Rolle in der antibabylonischen Aufstandspolitik gespielt hatte (32)." Im Hinblick auf diese Vorgänge wird auf das 2. Buch der Könige hingewiesen.[36]

---

[26]   Vgl. Schmitz, S. 22.
[27]   Vgl. Schmitz, S. 22f.
[28]   Jojakim, geboren 634 v. Chr., gestorben 598 v. Chr., regierte in den Jahren 609–598 v. Chr. https://de.wikipedia.org/wiki/Jojakim; 10.2.2019; 19.20.
[29]   Jojachin, geboren um 616 v. Chr., gestorben 560 v. Chr., regierte drei Monate und zehn Tage. https://de.wikipedia.org/wiki/Jojachin; 10.2.2019; 19.21.
[30]   Ezechiel verkündet die Erneuerung und Wiederherstellung Israels, einer Wiederkehr des Friedens und der Gerechtigkeit. Vgl. Schmitz Barbara, S. 25f.
[31]   Vgl. Schmitz, S. 24f.
[32]   Jeremia wurde um 647 v. Chr. geboren und war ein Prophet. Vgl. Schmitz, S. 27ff.
[33]   https://de.wikipedia.org/wiki/Jeremia; 15.1.2019; 16.09.
[34]   Zidkija, geboren 618 v. Chr., gestorben 586 v. Chr., war der letzte König des Reiches Juda. https://de.wikipedia.org/wiki/Zedekia; 10.2.2019; 19.23.
[35]   Vgl. Schmitz, S. 30.
[36]   Vgl. Schmitz, S. 30 ff.

Somit wird festgestellt, dass es innerhalb weniger Jahre zu einer grundlegenden Änderung von Juda und Jerusalem im Hinblick auf die Ordnungssysteme, staatlich oder religiös, kam.[37] So war eine „Königsdynastie, die sich auf ihren Ahnherrn David zurückführte (…) nach über 500 Jahren beendet (34)" und die theologischen Werte waren nicht mehr existent.[38]

Aufgrund der Flucht des jüdischen Volkes begann die Zeit der Diaspora[39]. Da der Tempel zerstört war, kam es zu einer schweren Glaubenskrise und es bildeten sich neue Formen.[40] So entwickelte sich eine Frömmigkeit im Bereich der Familie und wurde diese „zur Stütze der offiziellen Religion (37)."

Entsprechend der verwandtschaftlichen Beziehung wurde „jedes Mitglied des Gemeinwesens, auch Einzelpersonen (…) in diese ‚Vaterhäuser'[41] aufgenommen und schriftlich registriert (38)." Ein weiteres verbindendes Element und Erkennungszeichen war die „Beschneidung[42] der männlichen Nachkommen (38)". Weiters entwickelten sich Speise- und Reinheitsgebote, sowie die Nutzung des Sabbat an welchem nunmehr familiäre Feste stattfinden. Diese Entwicklung war notwendig, da somit religiöse Feste auch ohne Tempelkult möglich waren.[43]

Eine der wichtigsten theologischen Veränderungen war die Formulierung des Monotheismus[44]. JHWH ist nun nicht mehr nur für Israel da, sondern für alle Völker.[45] Im Exil lebte das israelische Volk in Weltoffenheit und Lernbereitschaft[46], dies jedoch in Verbundenheit mit ihrer Tradition[47].

Eine Gruppe aus Judäa wanderte nach Ägypten aus, war, trotz diverser Übergriffe, gut in die ägyptische Gesellschaft integriert und erbaute einen Tempel auf der Nilinsel Elephantine.[48] Da in diesem Tempel neben JHWH auch eine Göttin verehrt wurde, macht ersichtlich, dass es in Ägypten zu einer theologischen autarken Entwicklung kam.[49]

---

[37] Vgl. Schmitz, S. 33.
[38] Vgl. Schmitz, S. 34.
[39] Als Diaspora wird die bis heute andauernde Zerstreuung der Juden bezeichnet. https://de.wikipedia.org/wiki/J%C3%BCdische_Diaspora; 15.1.2019; 17.14.
[40] Vgl. Schmitz, S. 37.
[41] Ein Vaterhaus ist eine übergeordnete Institution, die sich aus mehreren Familien zusammensetzt. https://www.bibelwissenschaft.de/wibilex/das-bibellexikon/lexikon/sachwort/anzeigen/details/familie-at/ch/9cc7de10f0ef6776a2e99f9681f7118e/#h1; 15.1.2019; 17.41.
[42] Die Beschneidung ist die Bezeichnung für chirurgische Veränderungen der Genitalien bei Männern und Frauen. https://de.wikipedia.org/wiki/Beschneidung; 15.1.2019; 17.48.
[43] Vgl. Schmitz, S. 38.
[44] Mit dem Begriff Monotheismus werden Religionen bezeichnet, die nur einen Gott kennen und anerkennen. https://de.wikipedia.org/wiki/Monotheismus; 15.1.2019; 18.05.
[45] Vgl. Schmitz, S. 40.
[46] Vgl. Schmitz, S. 41.
[47] Vgl. Schmitz, S. 43.
[48] Vgl. Schmitz, S. 44f.
[49] Vgl. Schmitz, S. 45.

Auf die 43 Jahre andauernde Regentschaft Nebukadnezzars folgt dessen Sohn Amel-Marduk[50], wobei es dieser war der den letzten davidischen König Jojachin begnadigt und enden mit dieser Begnadigung auch die Königsbücher.[51]

Nach einer raschen Abfolge von Königen kam schließlich Nabonid[52] auf den Thron. Dieser war ein Anhänger des Mondgottes Sin und ließ in weiterer Folge die zerstörten Zentren der Mondgottheit aufbauen.[53] Dies führte zu innerstaatlichen Spannungen, da Nabonid dadurch zehn Jahre nicht am Neujahrsfest des Staatsgottes Marduk teilnahm. In weiterer Folge wurde Babylon durch die Perser erobert und wurde deren König Kyros[54] zu Unrecht als Befreier gefeiert, da dieser „die mit ihm verbundenen Erwartungen – Rückkehr der Deportierten aus der Gola[55] und Wiedererrichtung des Tempels (50)" nicht erfüllte.

In diesem Zusammenhang wird auf das sogenannte „Kyrosedikt" hingewiesen mit welchem der Aufbau des Tempels und die Rückkehr der im Exil befindlichen Judäer von Babylon nach Juda verordnet werden sollte.[56] Auch wenn dem Buch Esra[57] die Aufforderung zum Tempelbau und die Rückkehr der Exilierten, ebenso wie das Aussehen des Tempels und die Finanzierung entnommen werden können, muss festgestellt werden, dass entsprechende Hinweis den persischen Quellen nicht entnommen werden können.[58] Es war Darius[59] der den Tempel aufbauen ließ und der auch die Davidsdynastie wiedererrichten wollte.[60] Zu dieser Zeit traten auch die Propheten Haggai[61] und Sacharja[62] in Erscheinung, wobei zweiter „eine messianische Gewaltenteilung zwischen einem königlichen und einem priesterlichen Messias entwirft (56).". Die Priesterschaft hatte jedoch andere Pläne und wollte den „Tempel als

---

[50] Amel-Marduk, geboren 581 v. Chr., gestorben 560 v. Chr., wird nach zwei Jahren als König von seinem Schwager Neriglissar getötet. https://de.wikipedia.org/wiki/Am%C4%93l-Marduk; 17.1.2019; 21.29.

[51] Vgl. Schmitz, S. 45.

[52] Nabonid, geboren 609 v. Chr., gestorben 539 v. Chr., regierte von 556 v. Chr. bis 539 v. Chr. als letzter König des Neubabylonischen Reiches. https://de.wikipedia.org/wiki/Nabonid; 17.1.2019; 21.51.

[53] Vgl. Schmitz, S. 46.

[54] Kyros, geboren 590 v. Chr. bis 580 v. Chr., gestorben 530 v. Chr. https://de.wikipedia.org/wiki/Kyros_II.; 17.1.2019; 22.11.

[55] Der Begriff Gola geht auf das hebräische Wort ausziehen zurück und bedeutet dies auch Exil. https://www.bibelwissenschaft.de/wibilex/das-bibellexikon/lexikon/sachwort/anzeigen/details/exil-exilszeit/ch/33b7dbef6f454b1210f9d2892d8eb383/; 13.2.2019; 15.38.

[56] Vgl. Schmitz, S. 52.

[57] Das Buch Esra ist ein Buch des Alten Testaments. https://de.wikipedia.org/wiki/Buch_Esra; 17.1.2019; 22.40.

[58] Vgl. Schmitz, S. 52f.

[59] Darius, geboren 549 v. Chr., gestorben 486 v. Chr. https://de.wikipedia.org/wiki/Dareios_I.; 17.1.2019; 23.03.

[60] Vgl. Schmitz, S. 56.

[61] Haggai war Prophet und Autor. Das Buch Haggai gehört zum Zwölfprophetenbuch im Judentum und damit auch zum Alten Testament des Christentums. https://de.wikipedia.org/wiki/Haggai; 17.1.2019; 23.10.

[62] Sacharja war ein biblischer Prophet. Sein Buch entstand nach dem babylonischen Exil und gehört zum Zwölfprophetenbuch. https://de.wikipedia.org/wiki/Sacharja; 17.1.2019; 23.21.

Zentrum des neuen Juda (…) etablieren und damit die Befugnisse und Kompetenzen der Priesterschaft (59)" ausweiten. Die Selbstverwaltung wurde dreiteilig organisiert. Es gab einen „Ältestenrat, (…) ein Priesterkollegium und eine Volksversammlung (59)."

Diese Form der Selbstverwaltung fand seitens der persischen Politik insofern Unterstützung[63], als dass Nehemia[64] den König Artaxerxes[65] zum Wiederaufbau Jerusalems gewinnen konnte.[66]

2.3 Die Entstehung des Pentateuchs. Literarische Verarbeitungen in der Exils- und Perserzeit (6. – 4. Jh. v. Chr.)

Der im deutschen Sprachraum geläufige Begriff Bibel gliedert sich in verschiedenste Schriften und Bücher. Die hebräische Bibel mit den Teilen Tora, Neviim und Ketuvim, diese sind besser unter dem Begriff Tanach[67] bekannt, wird bereits im Sirachbuch[68] mit eben diesen Teilen erwähnt.[69] Über den Verfasser gibt es keine Hinweise und dürfte jedenfalls der TaNaK[70] um 100 n. Chr. beendet worden sein. Die Rekonstruktion der Schriften des Alten Testaments sind hypothetisch, die Textfunde sind nicht abgesichert und „wurde (…) davon ausgegangen, dass Mose[71] die Tora[72] verfasst habe (64).". Bis nach 1970 ging man vom

---

63 Vgl. Schmitz, S. 60.
64 Nehemia war ein einflussreicher Mundschenk des persischen Königs Artaxerxes.
 https://www.jesus.ch/information/bibel/hintergrund/basisinformation/134976-nehemia.html; 20.1.2019;
 21.37. Ob es sich jedoch bei Nehemia wirklich um eine historische Person gehandelt hat oder nur um eine
 literarische, ist wissenschaftlich nicht gesichert. Vgl. Schmitz Barbara, S. 60f.
65 Artaxerxes war 465 v. Chr. bisw 424 v. Chr. persischer Großkönig.
 https://de.wikipedia.org/wiki/Artaxerxes_I.; 20.1.2019; 21.54.
66 Vgl. Schmitz, S. 61.
67 Der Tanach besteht aus den drei Teilen Tora, Propheten und Ketuvim und wird auch als hebräische Bibel
 bezeichnet. https://de.wikipedia.org/wiki/Tanach; 21.1.2019; 22.31.
68 Das Sirachbuch wird nach dem in diesem Buch angeführten Autor Jesus Sirach bezeichnet und ist ein Buch
 des Judentums welches in das Alte Testament aufgenommen wurde.
 https://de.wikipedia.org/wiki/Jesus_Sirach; 21.1.2019; 22.37.
69 Vgl. Schmitz, S. 63.
70 Das Wort TaNaK setzt sich aus den Anfangsbuchstaben der Teile Tora, Neviim und Ketuvim zusammen.
 https://de.wikipedia.org/wiki/Tanach; 21.1.2019; 22.49.
71 Mose führte als von Gott beauftragter Prophet das israelische Volk aus der ägyptischen Sklaverei.
 https://de.wikipedia.org/wiki/Mose; 21.1.2019; 23.02.
72 Mit Tora wird der erste Teil des Tanach bezeichnet und sind dies die fünf Bücher Mose.
 https://de.wikipedia.org/wiki/Tora; 21.1.2019; 23.06.

„Vier-Quellen-Modell"[73], dies waren die Quellen Jahwist, Elohist, Deuteronomium und Priesterschrift, aus.[74]

Heute geht man von vielen Modellen aus und wird im Buch nur auf das „Münsteraner Pentateuchmodell", „eine Kombination von Erzählkranz-, Quellen- und Fortschreibungshypothese (66)", eingegangen. Zwei große Teile, „Das Große Exilische Geschichtswerk" und die Priesterschrift, prägen dieses Modell. Der erste Teil erzählt die Geschichte Israels von der Schöpfung bis zum Ende des Königtums und der zweite Teil beginnt mit der Weltschöpfung und findet den „Höhepunkt bei der Errichtung des Heiligtums am Sinai als Ort der sichtbaren Anwesenheit Gottes in der Welt (67).".[75] Beide Teile wurden schließlich verknüpft und entstand das „Große Nachexilische Geschichtswerk".[76] Schließlich erfolgte im Jahre 400 v. Chr. die Trennung „in die Tora (Gen-Dtn)[77] und die Vorderen Propheten (Jos[78]-2 Kön[79])[80].". Als Forschungskonsens gilt der Abschluss der Tora in der Zeit von 450 bis 400 v. Chr.[81]

2.4 Die Königszeit in Israel und Juda (10. – 6. Jh. v. Chr.)

Durch die Eroberung Israels durch die Babylonier wurde die Identität des israelischen Volkes vollkommen zerstört. So kam es zur Fremdherrschaft, zur Beendigung der Davidsdynastie und des JHWH-Kult, sowie zum Nichtleben im eigenen Staat.[82] In diesem Zusammenhang ist es erwähnenswert, dass „sich unser Wissen über diese Zeit nicht nur aus der Archäologie und aus außerbiblischen Quellen, sondern zudem aus den biblischen Texten selbst (73)" herleitet.

---

[73]   Das „Vier-Quellen-Modell" ging auf Henning Bernhard Witter und Julius Wellhausen zurück. http://bibelbuch.de/die-quellen-des-enneateuch/vier-quellen-theorie/; 21.1.2019; 23.18.

[74]   Vgl. Schmitz, S. 64.

[75]   Vgl. Schmitz, S. 66f.

[76]   Vgl. Schmitz, S. 67f.

[77]   Die ersten fünf Bücher des Alten Testaments, Genesis und Deuteronium, werden als Einheit bezeichnet. https://www.bibelwissenschaft.de/fileadmin/buh_bibelmodul/media/wibi/pdf/Pentateuch__2017-10-10_12_53.pdf; 21.1.2019; 23.55.

[78]   Das Buch Josua ist das sechste Buch des Tanach. https://de.wikipedia.org/wiki/Buch_Josua; 22.1.2019; 00.17.

[79]   Das 2. Buch der Könige ist ein Buch des jüdischen Tanach. https://de.wikipedia.org/wiki/2._Buch_der_K%C3%B6nige; 22.1.2019; 00.07.

[80]   Die ersten fünf Bücher des Alten Testaments, Genesis und Deuteronium, werden als Einheit bezeichnet. https://www.bibelwissenschaft.de/fileadmin/buh_bibelmodul/media/wibi/pdf/Pentateuch__2017-10-10_12_53.pdf; 21.1.2019; 23.55.

[81]   Vgl. Schmitz, S. 68f.

[82]   Vgl. Schmitz, S. 70.

So wird auf die „Königsbücher, aber auch Teile der Prophetenbücher (Amos, Hosea, Micha, Jesaja etc.) (73)" hingewiesen.

Im Hinblick auf das assyrische Reich wird auf die Grundzüge dessen Politik hingewiesen. Diese war getragen durch eine Politik der aggressiven Expansion, der Deportationen, der verbesserten Waffentechnologie und der Zentralisation der Verwaltung.[83] Der Staatsgott Assur „wurde zu einem Synonym für Unterdrückung, Unmenschlichkeit und Grausamkeit (78)".

Der Nordstaat Israel unterteilte sich in die Zeit Königs Jerobeam I.[84], die Zeit der Omriden- und der Jehu-Dynastie und die Zeit die „zur Eroberung des Nordstaats Israel (81)" führte. Zur Zeit Jerobeam I. war das Heiligtum in Bet-El, eine Stierfigur diente als Kultobjekt, von Bedeutung. Diese kultische Verehrung wurde in späterer Zeit als nicht legitim bezeichnet und als Untergangsgrund für den Nordstaat angeführt.[85] Die Gottesverehrung fand in den Bereichen der familiären Frömmigkeit, der lokalen Kultorte und des offiziellen Staatskults statt, wobei der König der oberste Priester war.[86] In die Zeit der Omridendynastie fällt auch „die prophetische Tätigkeit von Elija[87] und Elischa[88] (1 Kön 17-2 Kön 13) (85)." Das Umfeld von Elischa war es auch, das Jehu, den Begründer der Jehu-Dynastie, auf seinem Weg zum Thron unterstützte.[89] In späteren Jahren „erlebte Israel eine politische und wirtschaftliche Blüte (87)." Großen Anteil daran hatte das gute Straßennetz wie z.B. die Küstenstraße via maris, sowie „die „Königsstraße", die zweite wichtige Nord-Süd-Verbindung (88)". Durch die Entwicklung der Landwirtschaft, so kam es in dieser auch oftmals zu Missernten, kam es auch zur „Entstehung der antiken Klassengesellschaft (89)." Diese sozialen Missstände wurden auch von den Propheten Amos[90] und Hosea[91] kritisiert.[92] Hosea war aber auch ein vehementer Gegner des bereits erwähnten „Heiligtum von Bet-El „Haus Gottes", das er als Bet-Awen (= „Haus des Frevels") titulierte (92)."

---

[83] Vgl. Schmitz, S. 75.
[84] Jerobeam I., gestorben 907 v. Chr. war der erste König des Nordreichs Israel. https://de.wikipedia.org/wiki/Jerobeam_I.; 25.1.2019; 22.00.
[85] Vgl. Schmitz, S. 82.
[86] Vgl. Schmitz, S. 83.
[87] Elija war ein biblischer Prophet. https://de.wikipedia.org/wiki/Elija; 25.1.2019; 22.38.
[88] Elischa war ein biblischer Prophet und wird auch im Koran erwähnt. https://de.wikipedia.org/wiki/Elischa; 25.1.2019; 22.43.
[89] Vgl. Schmitz, S. 86.
[90] Amos war ein sozialkritischer Prophet und ist der erste der Propheten, dessen Worte aufgezeichnet und in Buchform überliefert wurden. https://de.wikipedia.org/wiki/Amos; 25.1.2019; 23.25.
[91] Hosea war ein historischer Schriftprophet. https://de.wikipedia.org/wiki/Hosea; 25.1.2019; 23.31.
[92] Vgl. Schmitz, S. 91f.

Das Ende des Nordstaats kam nach einer Abfolge zahlreicher Königwechsel. Infolge mussten etliche Gebiete an Assyrien abgetreten werden. Die Hauptstadt Samaria wurde erobert und der Reststaat Israel als Provinz Samarina in Assyrien eingegliedert. Es kam zu Deportationen jener israelischen Bevölkerungsschicht die zu politischen Widerstand gegen Assyrien für fähig erachtet wurden.[93] Die Deportation war erstens ein theologisches Problem, da sich die Frage nach der Mächtigkeit des Gottes JHWH stellte, war doch dieser nicht in der Lage das israelische Volk zu schützen. Und zweitens war das deportieren von Teilen des israelischen Volkes ein politisches Problem, teilte doch Israel mit seinem südlichen Nachbarn Juda die Sprache, die gemeinsame Herkunft und auch die Verehrung des Gottes JHWH.[94] Aus judäischer Sicht wurde der Niedergang des Nordstaats als Folge der Verehrung der Stierbilder in Bet-El und Dan gesehen.

Im Gegensatz zum Nordstaat Israel wurde Juda durchgehend von der Davidsdynastie regiert.[95] Aus Juda sind keine materiellen Zeugnisse vorhanden die auf einen Zentralstaat verweisen würden, somit ist davon auszugehen, dass Jerusalem ein typisches judäisches Bergdorf war.[96]

Zentrales Bauwerk war in Jerusalem der Tempel. Wenn vom Tempel in Jerusalem die Rede ist, muss festgestellt werden dass es zwei Tempel gab. Der erste Tempel, auch Salomonischer Tempel[97] genannt, wurde unter Salomo[98] errichtet und durch die Babylonier zerstört. Der zweite Tempel oder herodianischer Tempel[99], erbaut unter Serubbabel[100], wurde im jüdisch-römischen Krieg zerstört.[101] „Seitdem gibt es im Judentum keinen (Tempel-)Kult mehr (98)." Im Tempel wurden neben JHWH auch Gottheiten wie z.B. Aschera und Nehuschtan verehrt. Die Bedeutung des Tempels bestand darin, dass in diesem JHWH als König thronte, der Kommunikationsort mit Gott war, „an dem man Gott begegnen, ihn verehren und Gemeinschaft erleben konnte (99)." Erwähnenswert ist, dass in den Königsbüchern[102] Juda

---

[93] Vgl. Schmitz, S. 94f.
[94] Vgl. Schmitz, S. 95.
[95] Vgl. Schmitz, S. 96.
[96] Vgl. Schmitz, S. 97.
[97] Der Salomonische Tempel wurde auf dem Tempelberg Moria in Jerusalem errichtet. https://anthrowiki.at/Salomonischer_Tempel; 26.1.2019; 21.33.
[98] Salomo war König der vereinigten Königreiches Israel und Erbauer des ersten jüdischen Tempels in Jerusalem. https://de.wikipedia.org/wiki/Salomo; 26.1.2019; 21.29.
[99] Herodianischer Tempel. https://de.wikipedia.org/wiki/Jerusalemer_Tempel; 26.1.2019; 21.39.
[100] Serubbabel war Statthalter zur Zeit des Perserkönigs Dareios I. https://de.wikipedia.org/wiki/Serubbabel; 26.1.2019; 21.45.
[101] Der Jerusalemer Tempel wurde weitgehend 70 n. Chr. zerstört. https://de.wikipedia.org/wiki/J%C3%BCdischer_Krieg; 26.1.2019; 21.52.
[102] Die Königsbücher umfassen eine Zeitspanne von den letzten Tagen König Davids bis zum babylonischen Exil 586 v. Chr. https://www.bibelwerk.de/Mitgliederbereich.34465.html; 09.2.2019; 21.23.

fast keine Rolle spielt, denn fast alle Erzählungen spielen im Nordstaat Israel.[103] In weiterer Folge kam es jedoch zu manchen gemeinsamen politischen Aktionen von Juda und Israel. Nach zahlreichen Königen prägte dann Joasch[104] für 40 Jahre Juda, und schließlich profitierte Juda von der Regierung Jerobeam II.[105] der Nordisrael zur wirtschaftlichen Blütezeit mit z.B. einer Olivenöl- und Textilproduktion führte.[106] Juda trat erst unter der Regierungszeit Ahas[107], entgegen den Vorstellungen Jesajas[108], als Vasall Assyriens in Erscheinung.[109] Jesaja betonte auch „die theologischen und politischen Hoffnungen auf einen König aus der Davidsdynastie (103)".

Unter Hiskija[110] erfolgt der Ausbau Jerusalems durch den Bau einer Stadtmauer und des Siloahtunnels[111] für die Wasserversorgung.[112] Schließlich erfolgte ein Angriff des assyrischen Königs Sanherib[113] auf Juda und wurde Jerusalem umstellt, dieses wurde jedoch nicht eingenommen. Die Gründe der Nichteinnahme der Stadt sind historisch ungeklärt, auch wenn die Bibeltexte davon sprechen „dass ein „Bote/Engel JHWHs" im Lager der Assyrer in einer Nacht 185.000 Mann erschlagen habe (107)." Viele Judäer nahmen die Rettung Jerusalems als Gottesbeweis von JHWH wahr.[114] Die auf Hiskija folgende 55jährige Herrschaft von Manasse[115] war geprägt durch dessen Loyalität zu Assyrien und brachte dieser zahlreiche Arbeitskräfte und Sklaven für den Bau von Vorratshäusern in Ninive[116] bei.[117]

---

[103] Vgl. Schmitz, S. 100.

[104] Joasch, auch Joas, war König von Juda von 836 bis 798 v. Chr. und entstammte dem Haus David. https://de.wikipedia.org/wiki/Joas; 09.2.2019; 21.47.

[105] Jerobeam II. war von 781 bis 742 v. Chr. König des Nordstaats Israel. https://de.wikipedia.org/wiki/Jerobeam_II.; 09.2.2019; 22.02.

[106] Vgl. Schmitz, S. 101.

[107] Ahas, geboren 763 v. Chr., gestorben 710 v. Chr. war König von Juda. https://de.wikipedia.org/wiki/Ahas; 09.2.2019; 22.32.

[108] Jesaja war ein Prophet und wirkte zwischen 740 und 701 v. Chr. https://de.wikipedia.org/wiki/Jesaja; 09.2.2019; 22.25.

[109] Vgl. Schmitz, S. 101f.

[110] Hiskija lebte von 750 bis 696 v. Chr. https://de.wikipedia.org/wiki/Hiskija; 09.2.2019; 23.02.

[111] Der Siloahtunnel, auch Hiskija-Tunnel, ist eine 500 m lange unterirdische Wasserleitung. https://de.wikipedia.org/wiki/Hiskija-Tunnel; 09.2.2019; 23.07.

[112] Vgl. Schmitz, S. 104f.

[113] Sanherib lebte von 745 bis 680 v. Chr. https://de.wikipedia.org/wiki/S%C3%AEn-a%E1%B8%AB%E1%B8%ABe-eriba; 09.2.2019; 23.12.

[114] Vgl. Schmitz, S. 108.

[115] Manasse lebte von 708 bis 642 v. Chr. https://de.wikipedia.org/wiki/Manasse_(K%C3%B6nig); 10.2.2019; 17.45.

[116] Ninive hatte die größte Bedeutung im 7. Jahrhundert v. Chr. als Hauptstadt des Assyrischen Reiches. https://de.wikipedia.org/wiki/Ninive; 10.2.2019; 17.51.

[117] Vgl. Schmitz, S. 109.

Ganz im Gegensatz zu Manasse wird, nach einem Intermezzo Amons[118], Joschija[119] als positiver König in den Königsbüchern beschrieben, da „die biblischen Schriften die Herrschaft Joschijas beispielsweise als Wiederherstellung der Herrschaft des Urahns und König David erscheinen"[120]. So war die Zeit Joschijas geprägt durch zahlreiche Reformen. Einerseits kam es zur Kultreinigung in dem er den Monotheismus förderte und die Verehrung anderer Gottheiten ablehnte, und andererseits kam es zur Kultzentralisation in dem er zahlreiche Reformmaßnahmen am Jerusalemer Tempel durchführte und das Pessachfest wieder einführte.[121] Die Gründe die Joschija zur Konzentration des Kults veranlassten sind nicht erklärbar. „Die einzige biblische Begründung ist die Zentralisationsformel selbst (…), die die Forderung schlicht auf den Willen JHWHs zurückführt und die Forderung der Kultzentralisation zudem mit der Davidsverheißung an das jüdische Königtum in Jerusalem bindet (119)". Nach internen Machtkämpfen in Assyrien und gleichzeitigem Angriff der Meder und Babylonier, führte dies zum Untergang des assyrischen Reiches. Dies nutzte Ägypten zur Vorherrschaft in diesem Gebiet und wurde nun Juda ein Vasall.[122]

2.5 Die Entstehung des Jerusalemer Geschichtswerks und anderer Textüberlieferungen (8. – 7. Jh. v. Chr.)

Die größte theologisch-literarische Produktivität erfolgte in der Zeit zwischen dem Untergang des Nordreichs Israels[123] und dem Untergang Judas[124].[125] Das Jerusalemer Geschichtswerk entstand vor dem politischen und historischen Hintergrund der Eroberung des Nordstaats Israel, war die erste übergreifende Geschichtsdarstellung die den Untergang des Nordstaats erklärte und neue Perspektiven für die eigene Situation entwickeln sollte.[126] In der Sinaiperikope fand die „Erzählung über das Goldene Kalb als Abfall vom Bund mit JHWH (120)" statt und war dies die Erklärung für den Untergang des Nordstaats. Weitere

---

[118]   Die Regierungszeit von Amon dauerte wahrscheinlich von 642 bis 640 v. Chr.
        https://de.wikipedia.org/wiki/Amon_(Juda); 10.2.2019; 18.06.
[119]   Joschija lebte von 647 bis 609 v. Chr. https://de.wikipedia.org/wiki/Joschija; 10.2.2019; 18.10.
[120]   Schmitz Barbara, S. 116.
[121]   Vgl. Schmitz, S. 118.
[122]   Vgl. Schmitz, S. 116.
[123]   Das Nordreich Israel wurde 722 v. Chr. von den Assyrern erobert.
        https://de.wikipedia.org/wiki/Nordreich_Israel; 10.2.2019; 19.07.
[124]   Das judäische Reich wurde durch Nebukadnezar II. im Jahr 587 v. Chr. erobert.
        https://de.wikipedia.org/wiki/Juda_(Reich); 10.2.2019; 19.10.
[125]   Vgl. Schmitz, S. 120.
[126]   Vgl. Schmitz, S. 120f.

Schwerpunkte „sind die Gabe des Landes durch JHWH (...), die Treue JHWHs zu seinen Verheißungen sowie die (...) JHWH-Alleinverehrung (121)". Es wird angenommen, dass das Deuteronomium[127] in Zusammenhang mit den Reformen von Joschija[128] stand wie z.B. die Verehrung JHWH an einem Ort, eine zentralisierte Feier und Gesetze zur sozialen und gesellschaftlichen Gerechtigkeit.[129] Im Deuteronomium ist nunmehr JHWH der Gesetzgeber und schließt mit dem Volk Israel einen Vertrag welches auf der Konzeption von Fluch und Segen basiert. Dieser Vertrag wurde in der Zeit des Exils zu einem Problem, da das Exil bedeuten würde, dass der Fluch eingetreten war und somit der Vertrag zwischen JHWH und dem Volk Israel beendet sei. Es erfolgte jedoch die theologische Interpretation dahingehend, als „dass JHWHs Treue, sein Erbarmen und seine Gnade weit über seine Vertragsverpflichtungen hinausreichen (123)."".

2.6 Erzählungen über die Anfänge

In diesem Kapitel geht es um den Bereich der Erzählungen die von der „Erschaffung der Welt und der Menschen durch Gott erzählt (124).". So gab es bereits in der Zeit vor Israel bei den Völkern der Antike Erzählungen über die Schöpfung und die Bedrohungen der Welt.[130] In der ersten Erzählung, den Erzelternerzählungen[131] geht es um die Erzählungen von Mitgliedern der Familie von Abraham und Sara in mehreren Generationen. Es werden die Anfänge Israels in der Form einer Familiengeschichte erzählt und zwar in so einer Art und Weise, dass man an die wirkliche Existenz der in der Erzählung geschilderten Personen glaubt. Im Gegensatz zu den Königsbüchern ist eine historische Einordnung nicht möglich.[132]

Anhand von vier beispielhaften Erzählungen im Kapitel wird ersichtlich, dass die Erzelternerzählungen Erzählungen sind welche über Jahrhunderte hin entstanden. Diese anfangs mündlich überlieferten Erzählungen waren an bestimmte Orte gebunden und wurden mit der Zeit mit bestimmten Figuren verbunden und diese wurden wiederum nacheinander untereinander in verwandtschaftliche Beziehungen gesetzt. Diese Erzählungen, verbunden mit

---

[127] Das Deuteronomium ist eine Sammlung von Reden, Ansprachen und Predigten, die Moses zugeschrieben werden. In den Einleitungsreden wird vor allem auf die Heilstaten JHWHs verwiesen. https://www.dioezese-linz.at/dl/qqntJKJLkOLJqx4kJK/Deuteronomium.pdf; 10.2.2019; 21.30.
[128] Anmerkung: siehe Fußnote 122.
[129] Vgl. Schmitz, S. 122.
[130] Vgl. Schmitz, S. 124.
[131] Die Erzelternerzählungen werden auch als Vätergeschichte bezeichnet. https://de.wikipedia.org/wiki/Erzelternerz%C3%A4hlung; 12.2.2019; 22.03.
[132] Vgl. Schmitz, S. 126.

diversen in diesen angesprochenen Themen wie z.b. Verlust des Landes, Identität des Volkes, Bräuche wie Beschneidung, legitimieren die israelische Neuordnung in der Zeit nach dem Exil.[133]

In einer zweiten Erzählung geht es um den Exodus[134] des Volkes Israel aus Ägypten und die Gabe der Tora am Sinai. Als wesentliche Figur tritt Mose in Erscheinung und wird durch ihn die Geschichte des Exodus mit Aufenthalt des Volkes Israel in Ägypten und die Wüstenwanderung verbunden.[135] Die Erzählung des Exodus wurde aber auch dafür verwendet, als dass neue Organisationsformen bzw. Leitungsfunktionen des israelischen Volkes eben „in die Zeiten des Exodus rückprojiziert wurden (136)".

In der Josefserzählung[136] wird geschildert wie Jakobs Familie nach Ägypten kam und dort zum Volk Israels wurde. Dies war darin begründet, da der Vater von Jakob, dies war Josef, mit zweiten Namen Israel hieß.[137] Die Josefserzählung ist das Bindeglied zwischen der Erzeltern- und der Exoduserzählung. Diese zeigt den Aufenthalt im Exil und auch den Umstand, dass man in der Fremde ein bejahendes Leben führen kann. Diese Erzählung steht im Widerspruch zu den üblichen „beklagenden biblischen Texten (139)".

Durch den Einzug in das neue Land unter Josua[138] beginnen die Erzählungen mit den Schilderungen der Landnahme, des Lebens im Land ohne Königtum und des Königtums in Israel mit den Königen Saul[139], David[140] und Salomo[141].[142] Das Alter der Texte im Buch Josua kann nicht verifiziert werden und werden die Annahmen getroffen, dass erstens die Erzählung die Inbesitznahme des Landes in Zusammenhang mit den Plänen Königs Joschija[143] stehen

---

[133] Vgl. Schmitz, S. 130ff.
[134] Exodus, aus der lateinischen Sprache, bedeutet Auszug und wird meistens in Verbindung mit dem Auszug aus Ägypten verwendet. https://de.wikipedia.org/wiki/Auszug_aus_%C3%84gypten; 12.2.2019; 22.40.
[135] Vgl. Schmitz, S. 132ff.
[136] Die Josefserzählung wird auch als Josefsgeschichte oder Josefsnovelle bezeichnet. https://de.wikipedia.org/wiki/Josefsgeschichte; 12.2.2019; 23.02.
[137] Vgl. Schmitz, S. 138f.
[138] Josua führte als Nachfolger Moses die Israeliten in das Land Kanaan. https://de.wikipedia.org/wiki/Josua,_der_Sohn_Nuns; 13.2.2019; 20.00.
[139] Saul war laut der Bibel um 1000 v. Chr. der erste König der Israeliten und markiert mit seiner Herrschaft den Übergang von einem losen Zusammenschluss einzelner Stämme Israels zu einem fest gefügten Staat. https://de.wikipedia.org/wiki/Saul#Biblisches_Zeugnis; 13.0.2019; 20.04.
[140] David König von Juda und Nachfolger von Saul um somit auch König von Israel. https://de.wikipedia.org/wiki/David; 13.2.2019; 20.08.
[141] Anmerkung: siehe Fußnote 99.
[142] Vgl. Schmitz, S. 139ff.
[143] Anmerkung: siehe Fußnote 120.

könnte, dieser wollte sein Herrschaftsgebiet erweitern, und zweitens, dass in der Gestalt des Josua König Joschija erkennbar sei.[144]

Fortführend im Kapitel wird auf jene Zeit eingegangen, in welcher noch keine Könige herrschten, sondern in der Richter[145] führten und wird im Buch der Richter[146] das Verhalten gegenüber JHWH für das Wohlergehen des Volkes verantwortlich gemacht.[147]

Auf das Buch der Richter folgt in der Bibel das Buch Samuel[148]. Einer der Hauptproponenten war der Prophet Samuel[149], welcher selbst Richter war, der jedoch keinen seiner Söhne geeignet für das Richteramt hielt.[150] Samuel bat Gott um einen König und so begann mit Saul die 400jährige israelische Königszeit.

2.7 Die Entstehung erster Erzählkränze (vor 700 v. Chr.)

In diesem Kapitel wird erklärt, dass davon ausgegangen wird, dass in den ersten Erzählkränzen[151], diese werden einzelnen Regionen zugeordnet, eine Wiedergabe des familiären Bereiches und der jeweiligen sippeneigenen Gottheiten, mit zahlreichen Überarbeitungen in den Folgejahren, erfolgte.[152] Wesentlich ist jedoch, dass „die Geschichten des Südens und die des Nordens zusammengebunden und als die Geschichte *einer* Familie dargestellt (157)" wurden. Zu dieser Zeit entstand auch das Bundesbuch[153] mit der Thematisierung sozialrechtlicher und religiöser Anordnungen, „wobei zuerst der Fall (…), anschließend die rechtliche Konsequenz (…) geschildert wird (157)".

---

[144] Vgl. Schmitz, S. 143.
[145] Israel wurde zu dieser Zeit durch Richter regiert, diese Form wird auch Judikat genannt. https://de.wikipedia.org/wiki/Buch_der_Richter; 13.2.2019; 21.16.
[146] Das Buch der Richter. https://www.dioezese-linz.at/dl/pKqOJKJLkOLJqx4NJK/Richter.pdf; 13.2.2019; 21.24.
[147] Vgl. Schmitz, S. 144.
[148] Das Buch Samuel ist, trotz der üblichen Teilung in zwei Büchern, ein Buch und Teil der hebräischen Bibel. https://de.wikipedia.org/wiki/Buch_Samuel; 13.2.2019; 21.34.
[149] Samuel oder Schmu'el (hebräisch שְׁמוּאֵל, šəmūʔēl) oder Ṣamwīl (arabisch صموٮل). https://de.wikipedia.org/wiki/Samuel_(Prophet); 13.2.2019; 21.54.
[150] Vgl. Schmitz, S. 146.
[151] Unter einem Erzählkranz versteht man eine in sich geschlossene Gruppe von Episoden zu einem bestimmten Thema oder einer bestimmten Person. https://de.wikipedia.org/wiki/Tora; 14.2.2019; 21.25.
[152] Vgl. Schmitz, S. 157.
[153] Das Bundesbuch gilt als älteste israelische Rechtssammlung. https://de.wikipedia.org/wiki/Sefer_ha-Berit; 14.2.2019; 21.49.

2.8 Israel in hellenistisch-römischer Zeit: Ein kurzer Ausblick

In diesem Kapitel wird eingangs darauf hingewiesen, dass bei einer geschichtlichen Darstellung immer Einschnitte gewählt werden, wobei in diesen jeweils eine Gewichtung nach Bedeutung getroffen wird. Konkretisierend wird der Einschnitt mit der Zeit Alexander des Großen[154] begründet, da dieser der erste war „der ein Weltreich vom Westen aus etablierte (159).". Nach Alexander entstanden neue Reiche, kam es zu einer neuen weltpolitischen Lage und hatte dies Auswirkungen auf das jüdische Volk. Das jüdische Volk lebte nicht mehr nur in Palästina, sondern in der Diaspora.[155] Es war jedoch auch die Zeit der Fertigstellung der Bibel. Eine große Bandbreite der theologischen Literatur entstand in der hellenistisch-römischen Zeit wie z.B. die Neuerzählung der jüdischen Geschichte, die Neuentwicklung der apokalyptischen Literatur. Eine Herausforderung für die damalige jüdische Gemeinde stellte sich mit der Verbindung des Lebens aus eigener Überzeugung mit dem Verstehen der alten theologischen Überlieferungen.[156]

3. Persönliche Stellungnahme

Dieses Kapitel teilt sich in zwei Bereiche, einerseits in den Bereich des inhaltlichen Fazits und andererseits in den Bereich des persönlichen Resümees zum Buch.

Der inhaltliche Kern des Buches handelt von der Geschichte Israels und beginnt diese mit der Zerstörung des Tempels von Jerusalem 587 v. Christus. Das Buch führt von der Zeit des Babylonischen Exils zur Perserzeit und den literarischen Verarbeitungen in der Exils- und Perserzeit im 6. – 4. Jh. v. Chr., zurück in die Königszeit in Israel und Juda im 10. – 6. Jh. v. Chr. und in die Anfangszeiten Israels mit den diversen Erzählungen. Die Autorin Schmitz läßt auf ein Kapitel der Geschichte[157], ein Kapitel der Literatur[158] folgen.

---

[154] Alexander der Große, geboren 23.7.356 v. Chr., gestorben 10.6.323 v. Chr., war König von Makedonien und Führer des Korinthischen Bundes, eines Staatenbundes, im antiken Griechenland. https://de.wikipedia.org/wiki/Alexander_der_Gro%C3%9Fe; 14.2.2019; 22.26.
[155] Vgl. Schmitz, S. 159.
[156] Vgl. Schmitz, S. 160.
[157] Anmerkung: Schmitz, Kapitel 2., 4.
[158] Anmerkung: Schmitz, Kapitel 3., 5.

Die Motivation der Autorin Schmitz dieses Buch zu verfassen liegt sicherlich darin begründet, dass diese als Universitätsprofessorin an der Universität Würzburg tätig ist[159], das Buch sich an Studierende in den Bachelor-Studiengängen[160] richtet und liegt der Focus darin, dass in diesen eine Verbindung vom literarischen Ursprung des Alten Testaments zur Geschichte Israels hergestellt werden soll.

Es darf davon ausgegangen werden, dass sich das Buch auch an jene Personen wendet, die sowohl Interesse an Geschichtsforschung, als auch an der Literatur im Hinblick auf die Entstehungsgeschichte Israels haben und die Autorin Schmitz die Leserin bzw. den Leser hinsichtlich eines besseren Verständnisses darauf hinweisen wollte, dass die biblischen Erzählungen nicht im Einklang mit der historischen Entwicklung Israels stehen.

Als persönlichen Erkenntnisgewinn nimmt der Autor des gegenständlichen Werkes mit, dass das Buch einerseits zwar einen äußerst ungewöhnlichen Zugang zur Geschichte Israels offenbart, jedoch andererseits ob seines überschaubaren Umfangs und seiner gut verständlichen Sprache eine gute Einführung in die Geschichte Israels ermöglicht. Die zahlreichen Abbildungen und die am Ende des Buches ausklappbare chronologische Tabelle erleichtern das Verstehen der Zusammenhänge zwischen der geschichtlichen Entwicklung und der Bibel.

Auch wenn der Autor der gegenständlichen Arbeit einen Erkenntnisgewinn generiert, so stellen sich ihm doch einige Fragen deren Beantwortung nicht nur für ihn, sondern auch für jede Leserin bzw. jeden Leser von Interesse sein könnten, da diese beim Studieren des Buches nicht beantwortet wurden bzw. drängen sich einige kritische Bemerkungen auf. So stellt sich die Frage nach jenen Beweggründen, die die Autorin Schmitz veranlassten ihren Blick auf die Geschichte Israels gerade mit dem babylonischen Exil und der Perserzeit zu beginnen.

Zu den sehr kurz gehaltenen Kapitel 3, 5 und 7 wird bemerkt, dass die Ausführungen der Autorin Schmitz, dass „die Entstehungskontexte der biblischen Schriften nur skizzenhaft (…) angedeutet werden (13)", ob deren Vorhandenseins zwar objektiv zur Kenntnis genommen werden, subjektiv darf jedoch ob des curriculum vitae der Autorin als

---

[159] Anmerkung: siehe Fußnote 2.
[160] https://www3.unifr.ch/at/de/lehre/lehrveranstaltungen/bachelor/course/85173; 16.02.2019; 0.34..

Universitätsprofessorin für Alttestamentliche Bibelwissenschaft doch eine gewisse Enttäuschung ausgedrückt werden, durfte man sich hier doch ein Mehr erwarten bzw. erhoffen.

Es wäre auch von Interesse zu erfahren ob die Autorin Schmitz mit dem Verfassen des Buches das Ziel verfolgte, die Geschichten der Bibel, diese stehen ja für die Botschaft des Christentums, in Verbindung zur Geschichte Israels zu setzen. Darunter versteht der Autor dieser Arbeit, dass die Autorin keine Aufzählung dürrer Fakten wollte, sondern dass diese mit ihrem Buch eine „lebende Verbindung" zwischen Bibel und Israel schaffen wollte.

Schmitz hat sich beim Handlungsablauf des Buches nicht an der Abfolge der Ereignisse orientiert, sondern dieses vielmehr an den Orten der Geschehnisse ausgerichtet. Daher sieht der Autor dieser Arbeit das Vorgehen von Schmitz in der Tradition des Evangelisten Lukas, da sich dieses, gewollt oder ungewollt, im weitesten Sinn als ähnlich jenem des Lukas bei dessen Evangelium erweist, der ebenso Quellen in eine für ihn sinnvolle Ordnung brachte, Überlieferungen erarbeitete und neue Aspekte einbrachte.

4. Literaturliste

Schmitz Barbara, Geschichte Israels, 2., aktualisierte Auflage, Paderborn 2011.

https://de.wikipedia.org/wiki/Barbara_Schmitz; 10.2.2019; 19.26.

https://pgr.dsp.at/sites/www.dsp.at/files/u1647/pfarrordnung2016_aktuell.pdf; 10.1.2019;
22.06.

http://www.kathpedia.com/index.php?title=Sakramentale_Kommunion#Kommunionspender;
10.1.2019; 22.12.

http://www.vatican.va/archive/hist_councils/ii_vatican_council/documents/vat-
ii_const_19631204_sacrosanctum-concilium_ge.html; 10.1.2019; 21.59.

http://www.kapistran/; 10.1.2019; 21.54.

https://de.wikipedia.org/wiki/Theologische_Kurse; 10.1.2019; 22.21.

https://de.wikipedia.org/wiki/Altes_Testament; 10.1.2019; 22.25.

https://www.lexas.de/kontinente/naher_osten.aspx; 10.1.2019; 22.28.

https://www.zeit.de/thema/syrien; 09.1.2019; 22.29.

https://foreignpolicy.com/2018/09/06/in-secret-program-israel-armed-and-funded-rebel-
groups-in- southern-   syria/; 09.1.2019; 22.36.

https://www.tagesschau.de/ausland/jerusalem-us-botschaft-101.html; 09.1.2019; 22.53.

https://www.britannica.com/biography/Donald-Trump; 09.1.2019; 23.08.

https://www.vaticannews.va/de/kirche/news/2019-01/deutschland-internationales-bischofstreffen-heiliges-   land-info.html; 10.1.2019; 23.02.

https://www.bistum-trier.de/news-details/pressedienst/detail/News/christen-in-israel-herausforderungen-und-moeglichkeiten/; 09.1.2019; 23.38.

https://brockhaus.at/ecs/enzy/article/erzeltern-bibel; 13.2.2019; 15.25.

https://brockhaus.at/ecs/enzy/article/erzväter; 13.2.2019; 15.25.

https://de.wikipedia.org/wiki/JHWH; 13.2.2019; 15.32.

https://de.wikipedia.org/wiki/Nab%C5%AB-kudurr%C4%AB-u%E1%B9%A3ur_II.; 10.2.2019; 19.18.

https://de.wikipedia.org/wiki/H%C3%A4ngende_G%C3%A4rten_der_Semiramis; 14.1.2019; 22.14.

https://de.wikipedia.org/wiki/Jojakim; 10.2.2019; 19.20.

https://de.wikipedia.org/wiki/Jojachin; 10.2.2019; 19.21.

https://de.wikipedia.org/wiki/Jeremia; 15.1.2019; 16.09.

https://de.wikipedia.org/wiki/Zedekia; 10.2.2019; 19.23.

https://de.wikipedia.org/wiki/J%C3%BCdische_Diaspora; 15.1.2019; 17.14.

https://www.bibelwissenschaft.de/wibilex/das-bibellexikon/lexikon/sachwort/anzeigen/details/familie-at/ch/9cc7de10f0ef6776a2e99f9681f7118e/#h1; 15.1.2019; 17.41.

https://de.wikipedia.org/wiki/Beschneidung; 15.1.2019; 17.48.

https://de.wikipedia.org/wiki/Monotheismus; 15.1.2019; 18.05.

https://de.wikipedia.org/wiki/Am%C4%93l-Marduk; 17.1.2019; 21.29.

https://de.wikipedia.org/wiki/Nabonid; 17.1.2019; 21.51.

https://de.wikipedia.org/wiki/Kyros_II.; 17.1.2019; 22.11.

https://www.bibelwissenschaft.de/wibilex/das-bibellexikon/lexikon/sachwort/anzeigen/details/exil-exilszeit/ch/33b7dbef6f454b1210f9d2892d8eb383/; 13.2.2019; 15.38.

https://de.wikipedia.org/wiki/Buch_Esra; 17.1.2019; 22.40.

https://de.wikipedia.org/wiki/Dareios_I.; 17.1.2019; 23.03.

https://de.wikipedia.org/wiki/Haggai; 17.1.2019; 23.10.

https://de.wikipedia.org/wiki/Sacharja; 17.1.2019; 23.21..

https://www.jesus.ch/information/bibel/hintergrund/basisinformation/134976-nehemia.html; 20.1.2019; 21.37.

https://de.wikipedia.org/wiki/Artaxerxes_I.; 20.1.2019; 21.54.

https://de.wikipedia.org/wiki/Tanach; 21.1.2019; 22.31.

https://de.wikipedia.org/wiki/Jesus_Sirach; 21.1.2019; 22.37.

https://de.wikipedia.org/wiki/Tanach; 21.1.2019; 22.49.

https://de.wikipedia.org/wiki/Mose; 21.1.2019; 23.02.

https://de.wikipedia.org/wiki/Tora; 21.1.2019; 23.06.

http://bibelbuch.de/die-quellen-des-enneateuch/vier-quellen-theorie/; 21.1.2019; 23.18.

https://www.bibelwissenschaft.de/fileadmin/buh_bibelmodul/media/wibi/pdf/Pentateuch__20
17-10-10_12_53.pdf; 21.1.2019; 23.55.

https://de.wikipedia.org/wiki/Buch_Josua; 22.1.2019; 00.17.

https://de.wikipedia.org/wiki/2._Buch_der_K%C3%B6nige; 22.1.2019; 00.07.

https://www.bibelwissenschaft.de/fileadmin/buh_bibelmodul/media/wibi/pdf/Pentateuch__20
17-10-10_12_53.pdf; 21.1.2019; 23.55.

https://www.bibelwissenschaft.de/fileadmin/buh_bibelmodul/media/wibi/pdf/Pentateuch__20
17-10-10_12_53.pdf; 21.1.2019; 23.55.

https://de.wikipedia.org/wiki/Buch_Josua; 22.1.2019; 00.17.

https://de.wikipedia.org/wiki/2._Buch_der_K%C3%B6nige; 22.1.2019; 00.07.

https://www.bibelwissenschaft.de/fileadmin/buh_bibelmodul/media/wibi/pdf/Pentateuch__20
17-10-10_12_53.pdf; 21.1.2019; 23.55.

https://de.wikipedia.org/wiki/Jerobeam_I.; 25.1.2019; 22.00.

https://de.wikipedia.org/wiki/Elija; 25.1.2019; 22.38.

https://de.wikipedia.org/wiki/Elischa; 25.1.2019; 22.43.

https://de.wikipedia.org/wiki/Amos; 25.1.2019; 23.25.

https://de.wikipedia.org/wiki/Hosea; 25.1.2019; 23.31.

https://anthrowiki.at/Salomonischer_Tempel; 26.1.2019; 21.33.

https://de.wikipedia.org/wiki/Salomo; 26.1.2019; 21.29.

https://de.wikipedia.org/wiki/Jerusalemer_Tempel; 26.1.2019; 21.39.

https://de.wikipedia.org/wiki/Serubbabel; 26.1.2019; 21.45.

https://de.wikipedia.org/wiki/J%C3%BCdischer_Krieg; 26.1.2019; 21.52.

https://www.bibelwerk.de/Mitgliederbereich.34465.html; 09.2.2019; 21.23.

https://de.wikipedia.org/wiki/Joas; 09.2.2019; 21.47.

https://de.wikipedia.org/wiki/Jerobeam_II.; 09.2.2019; 22.02.

https://de.wikipedia.org/wiki/Ahas; 09.2.2019; 22.32.

https://de.wikipedia.org/wiki/Jesaja; 09.2.2019; 22.25.

https://de.wikipedia.org/wiki/Hiskija; 09.2.2019; 23.02.

https://de.wikipedia.org/wiki/Hiskija-Tunnel; 09.2.2019; 23.07.

https://de.wikipedia.org/wiki/S%C3%AEn-a%E1%B8%AB%E1%B8%ABe-eriba; 09.2.2019; 23.12.

https://de.wikipedia.org/wiki/Manasse_(K%C3%B6nig); 10.2.2019; 17.45.

https://de.wikipedia.org/wiki/Ninive; 10.2.2019; 17.51.

https://de.wikipedia.org/wiki/Amon_(Juda); 10.2.2019; 18.06.

https://de.wikipedia.org/wiki/Joschija; 10.2.2019; 18.10.

https://de.wikipedia.org/wiki/Nordreich_Israel; 10.2.2019; 19.07.

https://de.wikipedia.org/wiki/Juda_(Reich); 10.2.2019; 19.10.

https://www.dioezese-linz.at/dl/qqntJKJLkOLJqx4kJK/Deuteronomium.pdf; 10.2.2019; 21.30.

https://de.wikipedia.org/wiki/Erzelternerz%C3%A4hlung; 12.2.2019; 22.03.

https://de.wikipedia.org/wiki/Auszug_aus_%C3%84gypten; 12.2.2019; 22.40.

https://de.wikipedia.org/wiki/Josefsgeschichte; 12.2.2019; 23.02.

https://de.wikipedia.org/wiki/Josua,_der_Sohn_Nuns; 13.2.2019; 20.00.

https://de.wikipedia.org/wiki/Saul#Biblisches_Zeugnis; 13.0.2019; 20.04.

https://de.wikipedia.org/wiki/David; 13.2.2019; 20.08.

https://de.wikipedia.org/wiki/Buch_der_Richter; 13.2.2019; 21.16.

https://www.dioezese-linz.at/dl/pKqOJKJLkOLJqx4NJK/Richter.pdf; 13.2.2019; 21.24.

https://de.wikipedia.org/wiki/Buch_Samuel; 13.2.2019; 21.34.

https://de.wikipedia.org/wiki/Samuel_(Prophet); 13.2.2019; 21.54.

https://de.wikipedia.org/wiki/Tora; 14.2.2019; 21.25.

https://de.wikipedia.org/wiki/Sefer_ha-Berit; 14.2.2019; 21.49.

https://www3.unifr.ch/at/de/lehre/lehrveranstaltungen/bachelor/course/85173; 16.02.2019; 0.34.